Gisela Reußner

Kleine Lebens-Chancen

Gedichte

Bibliografische Information der Deutschen Nationalbibliothek:
Die Deutsche Nationalbibliothek verzeichnet diese Publikation in der
Deutschen Nationalbibliografie; detaillierte bibliografische Daten sind im
Internet über
< http://dnb.d-nb.de > abrufbar.

© 2008 Gisela Reußner
Satz, Umschlaggestaltung, Herstellung und Verlag: Books on Demand GmbH,
Norderstedt
ISBN: 978-3-8334-8928-0

Vorwort

Irgendwie und irgendwann finden wir am Ende unseres Lebens wieder zurück zu unserem Ursprung, dorthin, wo alles begann, und sich die Wege bahnten, wo sich der Bogen spannte, in die Lüfte erhob und wieder neigte am Ende, um die Erde zu berühren.

Zwischen Anfang und Ende dieses Bogens findet Leben statt, das Leben, für das wir Chancen brauchen.

Es ist nie zu spät, um aus den vielen in diesem Büchlein aufgeführten Möglichkeiten eine Chance für sich zu erkennen.

Das wünsche ich Ihnen, lieber Leser.

Gisela Reußner

Die Chance zum Leben

Die Chance zum Leben ist doch da.
Du brauchst nicht mal danach zu suchen.
Sie liegt vor dir, ist dir ganz nah.
Ergreif sie, musst es nur versuchen!

Hab keine Angst, es wird schon geh'n!

Du brauchst dazu nur etwas Mut:
Sag »Ja« zum Leben, du wirst seh'n
wie wohl das deiner Seele tut.

Sag »Ja« zu jedem neuen Tag,
auch wenn er grau und trübe ist.
Sag »Ja« zu dem, der dich nicht mag,
sag »Ja« zum Kind, das du vermisst.

Das Kind hat nicht viel Zeit für dich,
es führt doch jetzt sein eignes Leben.
Und du glaubst: Es denkt nur an sich.
Du kannst ihm trotzdem Liebe geben.

Es kommt allein auf dich nur an,
auf dein Verständnis für die Welt.
Mit einem »Ja« sich andern kann
das Leben, dass es dir gefällt.

Ein Lächeln und ein frohes Wort,
ein Gruss oder ein lieber Kuss,
wo Nächstenliebe wird zum Sport,
kommt man zu diesem Schluss:

Wo Liebe ist, da ist das Leben,
wo Leben ist, da geht es weiter,
da wird es eine Zukunft geben.
Die Chance dazu, sie stimmt dich heiter.

Du brauchst dich auch um nichts zu kümmern.
Nur muss dein Herz jetzt werden weit.
Dein Lebenslicht beginnt zu flimmern,
mach dich zum Leben jetzt bereit!

Mein Land

Kennst du das Land, wo die Winde weh'n
und den Außendeich, wo die Schafe steh'n?
Wo Kutter liegen bei Ebbe im Schlick?
Willst du es sehen? Ich nehme dich mit.

Der Wind bläst stark und läßt dich taumeln.
Bleib auf dem Steg, laß Beine baumeln!
Noch ist das Wasser sehr weit fort.
Du riechst es schon, es kommt von dort.

Im Steinwall sitzt die Krabbelbrut,
die Krebse warten dort auf Flut.
Die Sonne wärmt dir Herz und Haut,
du schaust, wie man die Strandburg baut.

Der kleine Eimer dort im Sand
voll Muscheln, Steinen – hier vom Strand.
Sie wurden für 's Erinnerungsgut
gesammelt heut als Strandesgut.

Und auf dem Treibsel dort am Rand
die Fliegen außer Rand und Band
hat der Geruch schnell angezogen.
In Scharen kommen sie geflogen.

Da, wo den kleinen Wellenzungen
Berührung mit dem Land gelungen,
hört man ein Flüstern oder Raunen.
Ihr Glanz versetzt uns in Erstaunen.

Die Stille tut der Seele gut.
Ganz langsam wälzt sich vor die Flut,
die aus der Ferne hergeleitet
von Möwenschwingen wird begleitet.

Ihr Schrei weckt aus dem Traum uns auf,
er kündet an den Tidenlauf.
Und Kühle bringt das Wasser mit,
jetzt bläst der Wind mir ins Genick.

Die Nacht am Meer

Warst du schon mal bei Nacht am Meer,
wenn alles still ist um dich her?
Du glaubst, du bist alleine hier,
die ganze Welt gehört nur dir.

Ich setz mich nieder auf den Stein
und tauch in diese Stille ein,
laß alles los und fühl mich klein.
Meine Gedanken werden rein.

Unendlich groß und weit die Welt,
in die man mich hineingestellt.
Ich reck mich hoch zum Himmelszelt,
hol mir den Stern, noch eh er fällt.

Ein Glücksgefühl ergreift mich eben,
und plötzlich spüre ich das Leben.
Es krabbelt, kleine Käfer schweben,
zwei Möwen in die Luft sich heben.

Ich bin doch nicht so ganz allein.
Mit einem Strahl vom Mondenschein
lenk ich jetzt meine Schritte heim.
Da werd ich dann alleine sein.

Ein Friese am Nordseestrand

Ein Friese sitzt am Nordseestrand
da, wo die Küste ihm bekannt.
Er schaut aufs Wasser wie gebannt.
Da steigt sie hoch, die Wolkenwand.

Die erste Möwe kommt zu Fuß,
die zweite schickt ihm einen Gruß.
Im Wasser baumelt noch sein Fuß,
da kommt der erste Regenguß.

Sein linker Fuß wird jetzt auch naß.
Er holt ihn raus, legt ihn ins Gras,
schaut lange durch sein Fernsehglas:
»Mann, ist das Wasser heute naß!«

Noch sitzt er da auf schmalem Steg.
Er spricht zu sich: »Ich überleg!
Wie wär 's, wenn ich mich mal beweg
und nehme den Nach-Hause-Weg?«

Jugendliebe

Vor meinem Vaterhaus stand eine Linde.
Sie war schon alt und knorrig gar.
Sie fragte nicht, wie ich sie finde.
Sie war für mich ganz einfach da.

Wie hab ich sie geliebt, umarmt.
Sie gab mir Trost an vielen Tagen.
Wenn niemand meiner sich erbarmt,
ihr konnt' ich immer alles sagen.

Sie hat mir Antwort nie gegeben,
stand nur so da und hörte zu.
Sie gab mir Zuflucht oft im Leben.
In ihrem Schatten fand ich Ruh'.

Sie hat mich in den Schlaf gewiegt.
Dann träumte ich so neben ihr.
Ich hab mich fest an sie geschmiegt,
bis sie die Zweige reichte mir.

Und wurde ich so langsam wach,
lag mit dem Rücken auf der Decke.
So schaut ich durch ihr Blätterdach,
auf kleine himmelblaue Flecke,

die wohl der Wind entstehen ließ,
der Blätter durcheinander brachte,
wenn er durch ihre Krone blies,
mir so den Himmel näher brachte.

Wie oft hab ich mich ausgeweint,
die Wange an den Stamm gedrückt.
Die Linde hat es gut gemeint,
mich wohl verstanden, nie gerügt.

Nun wollt' ich sie nach 50 Jahren
mal wieder seh'n im Sonnenlicht.
Ich kam von weit zu ihr gefahren,
hab sie gesucht und fand sie nicht.

Ich hab mich so nach ihr gesehnt,
nach ihrem Schweigen, ihrem Duft.
hab in Gedanken mich gelehnt
an sie, geatmet ihre Luft.

Vor meinem Vaterhaus stand eine Linde.
Sie war schon alt und knorrig gar.
Sie fragte nicht, wie ich sie finde.
Sie war für mich ganz einfach da.

Stammbaum

Es war einmal in Dinkelsbühl:
Ein Apfel dort vom Baume fiel.
Im Gras er landet ohne Ziel.
Am Baum hängt noch sein kleiner Stiel.

Und dieses sah ein Wandersmann,
der just vorbei des Weges kam.
»Sieh nur«, rief er begeistert dann,
»der Apfel fällt nicht weit vom Stamm!«

Flohmarkt

Unerwartet über Nacht
packt uns Flohmarktleidenschaft,
Keller, Böden durchgewühlt,
Staubfäden sind abgespült.
Vergessenes aus alter Zeit
hat schon manches Herz erfreut.
Ein Grammophon mit großem Trichter,
Sonnenschirm und Gartenlichter.
Von Opa eine Meerschaumpfeife,
Sonnenhut mit rosa Schleife.

Mit diesem herrlich alten Kram
und der Decke unterm Arm
ziehst du nun zum Flohmarkt hin
und erhoffst dir viel Gewinn.

Der Erlös bleibt ziemlich klein.
Groß ist nur, dabei zu sein.

Kaffeegenuss

Ein Cappuccino am Nachmittag
ist das, was ich so leiden mag:
Schön heiß, mit Zucker, das ist Brauch
mit Sahnehäubchen oben auf
und Schokostreusel auf der Spitze.
Dann träum' ich, wenn ich vor ihm sitze.

Doch was nützt dieser Hochgenuss,
wenn man auf Keks verzichten muss?
Genügen tut schon ein ganz kleiner
und nicht so viele, sondern einer.

Wird alles das noch nett serviert,
dann wird mir warm, obwohl es friert.

Die kleine Erbse

Die kleine Erbse lag im Bett
und wurde gar nicht richtig fett.
Die andern wurden dick und groß,
Sie blieb die kleine immer bloß.

Reif ruhten sie in ihrer Schote.
Sie kriegte nur die schlechte Note.
Die andern hab'n sie fast erdrückt.
da wurde sie vom Strauch gepflückt.

Nun mußte sie mit all den andern
in einen großen Kochtopf wandern.
Sie gab ihr Bestes und wurd' gar.
Zu Mittag brachte man sie dar.

Die Oma rief beim Essen gleich:
»Sieh da! Die Erbse, süß und weich,
die kann ich kauen! Welche Speise!«

So diente sie auf ihre Weise.

Hundert Jahre Glück

Du sitzt auf deinem Ast und pfeifst
so laut, und alle hören dich.
wenn du durch das Gelände streifst,
singst du dein Lied so wonniglich.

Dort oben in der Blätterkrone
da schmetterst du dein Lied zum Dank.
Ich hör dir zu, sitz in der Sonne
auf meiner blauen Gartenbank.

Ich träum' in Dur, ich träum' in Moll,
da macht's von oben plötzlich »klick«!
Da läßt doch dieser kleine Troll
was fallen, mir grad ins Genick.

Nun hab ich hundert Jahre Glück,
bin meine Sorgen endlich los.
Vom kleinen Klecks in dem Genick
ist doch die Wirkung riesengroß.

Der kleine Schmetterling

Ein kleiner, blauer Schmetterling
mit gelb- und braunen Streifen,
der wollte auf der Wanderung
die ganze Welt durchstreifen.

Er wußte nicht, wie weit das ist
und ahnte nicht, wie man sich fühlt,
wenn seine Freunde man vermißt,
und Heimweh in der Seele wühlt.

So macht er kehrt in vollem Flug,
findet den Weg nach Haus zurück.
Vom Fernweh hatte er genug,
die Heimat war sein ganzes Glück.

Voll Übermut er Salto schlug,
weil er bei seinen Freunden war.
Es war gerad' noch früh genug,
denn alle waren sie noch da.

Mein Liebling

Mein Liebling ist die kleine Mieze.
Ich liebe sie so wie mein Kind.
Komm' ich nach Haus', weiss ich, dann sitzt sie
vor'm Tor bei Kälte und bei Wind.

Sie gähnt mich an und schreit »miau«
und will sofort gestreichelt werden.
Sie liebt mich sehr, weiss ich genau.
Das zeigt sie mir mit viel Gebärden.

Ich bin so froh, dass ich sie hab'.
weil sie ist klug und so verständig.
Sie klettert Bäume auf und ab
und zeigt sich dabei flink und wendig.

Sie ist ein kleiner Wirbelwind.
Oft narrt sich mich, und sie versteckt sich.
Dann sitzt sie still hinter dem Spind.
Wenn ich dann rufe, kommt sie nicht.

Doch zeig ich ihr die kalte Schulter,
passt ihr das nicht, dann rührt sie sich.
Sie kommt hervor, wird wieder munter,
streicht um die Beine, wirbt um mich.

Geh' ich mal fort, muss aus dem Haus,
dann will sie auch nicht drinnen bleiben.
Sie läuft zur Tür, denn sie will raus.
Vom Haus lässt sie sich nicht vertreiben.

Sie harret dort geduldig aus
und wartet sehnsüchtig auf mich.
Sie bleibt auch immer nah beim Haus.
Weiter entfernen mag sie nicht.

Manchmal geht sie mit mir spazieren.
Sie dreht sich immer um dabei,
hat Angst, sie könnt' den Weg verlieren,
drum geht sie lieber wieder heim.

Komm' ich zurück zu ihr nach Haus,
dann saust sie nur und spielt verrückt.
Sie turnt herum, springt rein und raus.
Ich schau ihr zu und bin entzückt.

Die Urlaubsreise

Es war ein Mann – denk dir 'nen alten -,
der wollt' sein Leben neu gestalten.
Für ihn hat es noch nichts gegeben
in seinem tristen Alltagsleben.
Er nahm den Rucksack und sein Geld,
begab sich in die grosse Welt.
Er fühlt sich frei und glücklich fast,
nahm's ganz gemächlich, ohne Hast
und landete in einem Hafen,
wo sich nur schräge Typen trafen.

Man freute sich, als man ihn sah,
sie kamen ihm bedrohlich nah.
Und aufgenommen in dem Kreise,
feiert er auf ihre Weise.
Der Krug ging rum und noch mal rum,
so langsam wurd's im Kopf ihm dumm.
Dann, bei der siebten Runde gar,
war er schon nicht mehr richtig da.
Er fiel nach hinten in das Gras,
wo er sich und die Welt vergaß.
Und als die Sonne unterging,
er wankend an dem Gitter hing.
Ihm war, als trüg er einen Helm,
auch fehlte ihm ein Stück vom Film.
Er fühlt sich elend und ganz mau,
in seinem Magen wurd' ihm flau.
Er wollte heim mit einem Bus,
damit er nicht lang laufen muss.

Nun macht er alle Taschen leer,
sein Geld, das findet er nicht mehr.
Von den Kumpanen ringsumher,
da fand er wirklich keinen mehr.
Er macht sich wandernd auf den Weg.
»Den Wunsch ich jetzt ad acta leg«,
schwört er und hebt drei Finger hoch!
»Das kommt, weil man mich so betrog.«

Ruhestand

Nun kann ich endlich all das machen,
was ich schon lange hatte vor.
Ich kann den ganzen Tag lang lachen,
wenn's sein muß, übers Eigentor.

Das hört sich so erst ganz gut an,
doch weiß ich leider aus Erfahrung,
daß man nur wenig schaffen kann.
Versuch ich's lieber mit der Planung!

Als Rentner hat man viel zu tun,
man hat so vieles nachzuholen!
So schafft man, ohne auszuruh'n,
bis qualmen von den Schuh'n die Sohlen.

Man ist nun ständig unterwegs,
zu keiner Pause mal bereit,
merkt nicht, wie schnell man sich bewegt,
denn Rentner haben niemals Zeit.

Ganz langsam geht ein Licht mir auf:
»Halt ein! Halt ein, wo bleibt die Zeit?
Grad kam die Sonne doch erst rauf,
Nun wird's schon dunkel weit und breit!«

»Das mach ich anders,« ruf ich prompt,
»da geh ich heute mal nicht hin!«
Sitz auf der Bank, wo man sich sonnt,
und wo ich ganz alleine bin.

Warten

Es ist nicht mehr zu übersehen!
Auch wenn noch kalte Winde wehen,
der Frühling steht schon vor der Tür.
Die Meisen locken im Revier
mit »Tzitzidee« von Baum zu Baum
die Freunde aus dem Wintertraum.
Die Krokusspitzen schau'n hervor.
Schneeglöckchen läuten vor dem Tor.

Sie alle warten nur darauf:
»Wann hört der Winter endlich auf?«

Erwachen

Erwacht nach langer Winternacht,
nach endlos kalten Tagen,
die uns nur Dunkelheit gebracht,
woll'n wir es jetzt so langsam wagen,
zu tauchen aus dem finstren Schacht.

Ein Ende hat nun alles Klagen!
Gefehlt hat uns der Sonnenschein,
der uns die neue Freude bringt.
Bald wird es wieder wärmer sein,
wenn alles um uns fröhlich klingt.

Wenn alle Bäume grün im Hain
und unser Buchfink wieder singt,
dann wird es wieder Frühling sein.

Frühlingsvorfreude

Der Winter ist zurückgekehrt,
hat uns erneut den Schnee beschert.
Wir hatten uns schon so gefreut
auf warmen Wind und das Geläut
von Osterglocken und Narzissen,
die nicht bei Kälte frieren müssen,
die aufgeblüht im Sonnenschein
die Frühlingsboten wollen sein.
Sie müssen jetzt in eine Vase,
sonst kriegen sie 'ne kalte Nase.
Dem kleinen Spatzen auf dem Zaun
verschlägt 's die Sprache, er wagt kaum
den kleinen Schnabel aufzumachen.
Im Winter hat er nichts zu lachen.
Die dicke Ente dort am Teich,
die tröstet diesen Spatz sogleich:

»Mach dir nichts draus und warte ab,
es dauert nicht mehr lang, ich hab'
den Frühling schon ganz nah geseh'n
vor'm Wald, wo die Schneeglöckchen blüh'n.«

Da denkt der Spatz: »Ich bin gescheit,
steck meinen Kopf ins Flügelkleid!«

Ostern

Halleluja überm Land!

Trägst du heut dein Festgewand.

Halleluja in den Fluren!

Wandeln wir auf Frühlingsspuren.

Halleluja in der Stadt!

Glockenklang begonnen hat.

Halleluja überm Fluß!

Sonnenstrahl uns grüßen muß.

Halleluja lauter Schall!

Grüßt das Leben überall.

Immer wieder …

Immer wieder, stets auf's Neu'
berührst du meine Seele.
Ganz leis', behutsam und fast scheu
erteilst Du mir Befehle.

Immer wieder, stets auf's Neu'
erglüht das Licht in mir,
womit ich andere erfreu'!
Und dafür dank ich Dir.

Immer wieder, stets auf's Neu'
empfiehlst Du, Lieb' zu leben.
Und nun verlier' ich meine Scheu,
kann sie an and're weitergeben.

Zu viel gewagt!

Ein kleiner weißer Kieselstein
war traurig, denn er war allein.
Er wollte nicht mehr einsam sein
und suchte einen anderen Stein.

Bisher kam er nur selten raus,
denn Vaters Sohn, der kleine Klaus
hielt ihn als Spielzeug nur im Haus.
In einem Kästchen ruht er aus.

Nun wollte er mal was erleben.
Dem Kieselhaufen galt sein Streben,
den fleißige Hände gerade eben
vom Auto in die Einfahrt heben.

So rollt er aus dem Kästchen fort
an diesen lang ersehnten Ort.
Die Schaufel kippt ihn dann von dort
in die Maschine über Bord.

Mit Wasser, Sand und dem Zement
wird er geschüttelt wehement,
in große Kästen eingeschwemmt
und dann zum Trocknen eingeklemmt.

Nun liegt er da als Gartenweg
in Form von Platte für den Steg.
Den Wunsch er tief im Herzen hegt:
»Käm doch der Klaus, der mich geliebt!«

Jetzt kann er sich nicht mehr bewegen.
Er wollte doch so viel erleben.
Täglich wird achtlos er getreten,
nun ist es aus mit seinem Leben.

Meine Lieder

Ich hab ein Leben lang gesungen,
denk an die Kinderzeit zurück.
Mir ist mein Tagwerk stets gelungen,
denn durch Musik fand ich mein Glück.

Ich war noch klein, so grad mal sieben,
da hüpft' ich fröhlich vor mich hin.
Bis heute ist das so geblieben:
Ich sing, wenn ich alleine bin.

Was ich so tat, und oft auch mußt',
das konnte ich in Worte fassen,
die dann – damit vergeht der Frust –
zu selbstgemachten Tönen passen.

Dann war die Arbeit nicht so schwer,
schon mal hatte ich Spaß daran.
War ich mal traurig, weinte sehr,
dann waren Klagetöne dran.

Wie oft hat man mir das verboten.
Mein Lied machte nicht alle froh.
Ich hab mich dann zurückgezogen,
saß ziemlich lange auf dem Klo.

Dann wollt' ich nur noch Töne lieben!
Gitarre, Flöten und Klavier
hab ich nach Noten wohl betrieben,
Gitarre hab ich noch bei mir.

Ein Leben lang hat mich begleitet
Musik, ich brauche sie zum Leben.
Sie hat mit Glück und Freud' bereitet.
Sie wird auch weiter Kraft mir geben.

Trödelkram

Ein Mensch hatte sich vorgenommen,
– weil er zu Wohlstand war gekommen –
sich etwas Neues mal zu kaufen,
drum macht er einen Abfallhaufen.

So vieles, was er konnt' entbehren,
das sollte ihn fortan nicht stören.
Er brauchte Platz für dies und das,
für das, was er schon bald besaß.

Er räumte hier, er räumte da
und war der Ordnung schon ganz nah.
Regale wurden langsam leer.
Es türmten Kisten, die sehr schwer,
sich auf zu einem Abfallberg.
Und dann betrachtet er sein Werk,
mit dem er war nun ganz zufrieden. –
Ach, wär es nur dabei geblieben!

Es interessierte ihn doch sehr,
was wohl in dieser Kiste wär?
Er staunt beim Öffnen des Behälters:
Da lag 'ne leere Flasche Selters!
Die wird er wohl vergessen haben
als Leergut im Getränkeladen.
Darunter sich ihm offenbart
ein Bild von Tante Edelgard.
Sie war als gut und lieb bekannt.
»Nein, dieses Bild kommt an die Wand!

Und sieh, da glänzt ein Weihnachtsstern!
Das Weihnachtsfest hab ich so gern!«

Ganz lang er in Erinnerung schwelgt.
Schon hat er wieder hingestellt,
was er zuvor wegwerfen wollte.
Ob er das noch mal prüfen sollte?

Und was für ihn am Schwersten war:
Die Bücher – neu und antiquar –
die hatte er noch nie geseh'n,
und deren Titel war'n so schön.

Er saß nun vor dem Abfallhaufen
und konnte alles wieder brauchen.
Er zieht die Pfanne aus dem Dreck,
denn darin brät er seinen Speck.
Und alle Sachen putzt er fein,
nimmt sie in seine Wohnung rein,
schmückt damit Wände und Regale,
füllt mit dem Obst die alte Schale.

Mit letztem Buch aus dem Karton
setzt er sich hin – und liest auch schon!

Verhältnisse

Warum – so will ich euch heut' fragen –
soll ich hier kein Verhältnis haben?
Verhältnis ist das A und O,
den alten Römern ging's schon so:
Sie wollten Orgien gestalten,
weil sie vom Essen viel gehalten.
Auch zu dem Wein, dem Hochgenuß,
war Wohlverhalten stets ein Muß!

Verhältnis gibt's in jeder Stadt,
weil man da viel Bekannte hat.
Verhältnis gibt's auch auf dem Land,
wo man mit einem Schlag der Hand
noch ein Versprechen geben kann,
am besten eine Frau dem Mann!
Dann wird ihm dies Verhältnis geben
ein glücklich langes Liebesleben.

Verhältnis ist bei dem Patient
zu seinem Arzt oft sehr verklemmt.
Ein Arzt will gar nicht alles wissen
und läßt die Sorgfalt oft vermissen.
Das schiebt er dann so ab und zu
seinem Patienten in die Schuh,
damit er seine Hände dann
getrost in Unschuld waschen kann.

Verhältnis ist so kuschlig nett,
man findet es sogar im Bett.
Fühlst du dich schlecht, weil etwas stört,
liegst du im Bett vielleicht verkehrt.
Das ist kein richtiges Verhalten,
du mußt dich schon an Regeln halten.
Verkehrt im Bett ist zwar nicht nett,
doch schlimmer, – im verkehrten Bett.

Und manche haben nicht das beste
Verhalten zum Familienfeste.
Wenn die Verwandtschaft ständig nervt,
man seine Zunge endlich schärft,
die Fäuste ausfährt, die geballten,
ist das das schlechteste Verhalten.
Doch ein Verhältnis würde geh'n,
wenn man versuchte zu versteh'n.

Verhältnis hat der Weihnachtsmann
zum Weihnachtsfest. Er kann
am End' den Rummel nicht mehr seh'n.
Er möcht' so gern nach Hause geh'n.
Doch sein Verhältnis zu dem Geld
zeigt ihm, wie er sich jetzt verhält.
So wandert, – weil die Taschen leer -,
er mit dem schweren Sack umher.

Sogar beim Wahlrecht gibt's Verhältnis.
Das führt bei mir zu Missverständnis.
Mit einem einfachen Verfahren
kann man das doch viel besser haben.
Und auch im Matheunterricht
gefiel mir das Verhältnis nicht.
So kann durch ein Verhältnis eben
es öfter mal Verwirrung geben.

Auch für den Psychotherapeut
ist ein Verhältnis wichtig heut'.
Du wirst von ihm erfahren müssen
die Folgen von Verhältnisküssen.
Selbst Vögel sind nicht frei davon.
Zwei singen schon auf dem Balkon
und stören damit irgendwann
Verhältnisse zum Nebenmann.

Eins hat der Leiter von dem Chor,
denn er ist Chef, er steht davor.
Beim Fußball auf dem großen Feld
hat man den Schiedsmann hingestellt.
Der pfeift und muss die Karten halten,
und – das Verhältnis ist gespalten.
Ach, das Verhalten ist oft schwer
auch auf der Strasse im Verkehr.

So gibt's Verhältnis, welch ein Wahn,
oft mitten auf der Autobahn,
weil sich, wenn sich die Autos küssen,
die Fahrer arrangieren müssen.
Trifft man sich notfalls vor Gericht,
braucht man dann das Verhältnis nicht.
Doch gibt's ja die Versicherung noch,
da braucht man das Verhältnis doch.

Und vom Finanzamt ganz zu schweigen!
Das kann sich nur die Hände reiben,
will sich an unseren Euros laben.
Da woll'n wir kein Verhältnis haben.

So, nun mein liebes Publikum,
ist meine Zeit so langsam um.
Ihr habt mir lange zugehört!
Ist das Verhältnis jetzt gestört?

Hilfe

Ich möchte Dir so gerne helfen,
Dich trösten in der Einsamkeit.
Du brauchst 'nen Menschen, ich weiß welchen,
der nimmt Dir die Verlassenheit.

Ich kann nicht in Erscheinung treten,
denn ich bin weit entfernt von Dir.
Du hättest mich auch nie gebeten,
obwohl ich's so sehr wünschte mir.

Was – glaubst Du – ist für Dich jetzt richtig,
was Du nun tust oder auch läßt?
Daß jemand da ist, das ist wichtig,
der hilft, daß neue Kraft Dir wächst.

Ich weiß genau, was Dir jetzt fehlt.
Du bist so leer und ausgebrannt.
Jetzt brauchst Du das, was Dich beseelt,
Du hast das nur noch nicht erkannt.

Wenn Du wüßtest …

Wenn Du wüßtest,
dass ich oft,
viel zu oft alleine bin,
käme Dir ganz unverhofft
ein Besuch mal in den Sinn.

Wenn Du wüßtest,
was ich denke,
würdest Du mal Deine Zeit
machen mir zum Gastgeschenke
nicht erst morgen, sondern heut'.

Wenn Du wüßtest,
wie so weh
es mir tief im Innern tut,
wenn ich Dich so lang nicht seh',
riefst Du an, das tät schon gut.

Wenn Du wüßtest,
wie ich leide,
wärest Du ganz einfach hier,
und wir säßen – glücklich beide –
auf der Bank vor meiner Tür.

Vorzüge

Du bist so gut, so ohnegleichen!
Mit Dir kann ich mich nicht vergleichen,
verfügst über ein großes Wissen.
Ich übe, lese ganz beflissen.
So edel Deine Denkungsart!
Wie schaff' ich das? Ich bin zu hart!
So herzlich Deine Freundlichkeit!
Ich geb' mir Müh' die ganze Zeit.
Du bist noch jung und schon so gut.
Ich bin so alt und ohne Mut.
Von Deinem Licht so oft geblendet
steh' ich am liebsten abgewendet.
Ach, ich wünsch' mir immerzu:
»Wär' ich doch so gut wie Du!«
Samen hast Du ausgesät!
Ist es für mich wohl zu spät?
Schaff' ich vielleicht auch nicht mehr viel,
Du sagst: »Der Weg ist doch das Ziel!«

Beim großen Vorzug eines andern
muss man doch nicht ins Abseits wandern.
Als Gegenmittel gibt's hinieden
nichts anderes, als ihn zu lieben!

Ich danke dir

Wenn ich Deine Nähe spür,
beginne ich zu leben.
Ich hebe ab, bin nicht mehr hier
und fange an zu schweben.

Auf einmal – wie von ungefähr –
kamst Du hier in mein Leben.
Was gestern ich noch trug so schwer,
hab ich nun abgegeben.

Du sagst mir, daß es möglich ist,
sich vollends hinzugeben,
Daß man sich beinah selbst vergißt.
Wie kann es so was geben?

Durch dich fand ich das große Glück!
Ich seh den Himmel offen!
Die Zukunft hatt' ich wohl im Blick, –
jetzt ist sie eingetroffen!

Das kann ich nicht für mich behalten,
zu weit wird jetzt mein Denken.
Mein Leben will ich neu gestalten.
Ich werde alles nun verschenken.

Du hast mir doch so viel gegeben,
denn Deine Liebe blieb bei mir.
Sie reicht mir für mein ganzes Leben,
meine Gedanken sind bei Dir.

Neues Leben

O diese herrlich laue Nacht
von tausend Sternen wohl bewacht,
dass nicht Gedanken – grad gedacht –
verloren gehen in finsterem Schacht.
Bewahrt, behütet und ganz sacht
daraus ein Wunder wird gemacht.
Bricht dann der Tag aus dieser Nacht,
das Leben wieder neu erwacht.

Ein Sommer lang …

Ein Sommer lang war unsere Zeit,
nun liegt sie weit, so weit.
das Paradies für uns bereit
wir lebten drin und warn zu zweit.

Es war ein Sommer voller Licht!
Sogar bei Nacht das Mondgesicht,
das durch der Bäume Wipfel bricht
verbarg sein helles Leuchten nicht.

Der Wind trug mit dem Flügelschlag
die Lerche in den neuen Tag
und jetzt? – Die Wolke überm Hag
nur noch Erinnerung bringen mag.

Weißt du noch ...

der Sommer heiß! Die Blumen blühn!
Die Sonne strahlt vom Himmelszelt.
Die Wiese bunt, die Bäume grün.
Wir warn so glücklich in der Welt.

Weißt du wer in dem Blätterraum
ließ seine Beine baumeln?
Was war das doch nur für ein Baum?
Ich glaub, es waren Pflaumen.

Wir kletterten erstmal hinauf
und freuten uns, warn munter.
Dann kam uns der Gedanke auf:
»Wie geht es wieder runter?«

Ganz plötzlich wurd's von oben naß.
Das kann doch gar nicht sein!
Die Sonne scheint, was soll denn das?
Das ist ja wohl gemein!

Dann sahen wir noch im Versteck
den kräftigen Wasserstrahl:
»Man ärgert uns, wir sind entdeckt!«
»Spring! Du hast keine Wahl!«

Und zappelnd lagen wir im Gras
pitschnass bis auf die Haut.
Zu Hause dann, da setzt es was!
Man schimpfte mit und laut.

Nebel

Milchig-weiße Nebelnacht
bringst kühle Undurchdringlichkeit.
Was verbirgt sich unterm Schleier?
Alles scheint so rätselhaft.

Diesig-kalte Nebelnacht
läßt frösteln. Feuchtigkeit
kriecht aus dem Weiher.
Alles scheint so geisterhaft.

Dunstig-trübe Nebelnacht
hüllst den Mond in Schwaden,
zeichnest Fetzen von Phantomen.
Alles scheint so zauberhaft.

Abendwind

Sanfter Abendwind,
wenn dein Lied beginnt,
wenn dein Hauch so lind
feine Fäden spinnt,

streichelst meine Haut
zart und so vertraut
leis' und niemals laut
bis die Nacht sich traut.

Dünne Zweige wiegen,
durcheinander stieben,
tanzen und sich biegen
in den Armen liegen.

Einsam zirpt die Grille,
und es breitet Stille
mit der Sternenfülle
um mich ihre Hülle.

Das Meisterstück

Gott sprach:
»Am siebten Tage sollst du ruh'n
und keine schwere Arbeit tun!«

Dann hat das Größte er erdacht,
und die Toscana hier gemacht.

Sie ist als Meisterstück gelungen
von vielen Dichtern schon besungen.
Ein Fleckchen Erde auserlesen,
wo du in Ruhe kannst genesen,
wo Sonne sanfte Hügel küsst
und edlen Wein ins Glas du giesst,
wo träumend man im Grase liegt,
ein Wind die Pinienwipfel wiegt.
Die Blumenpracht! Großartig, unerreicht!
Und Grün, so weit das Auge reicht!

Hier findest du das stille Glück
und möchtest nimmermehr zurück.

Unsere Bäume haben Lieder!

Unsere Bäume haben Lieder!
Mit dem Wind als Melodie
bringen sie die Töne rüber
voll Gefühl und Harmonie.

Mal ganz kräftig schallt es laut!
Oft bedrohlich kommt uns vor,
wenn der Sturm die Zweige haut.
Und als Antwort faucht der Chor.

Manchmal rauscht der Blätterwald.
Will er uns im Lied erzählen,
daß der Sommer kommt nun bald?
Nur noch wenige Tage fehlen.

Und wenn kommt der Abendwind,
bringt er sanfte Liebesweise.
Wenn der Tiere Stimme klingt,
summen sie dazu ganz leise.

Blätter tanzen ihren Reigen.
Sie berühr'n sich immer wieder,
wiegen sich beim Klang der Geigen,
denn die Bäume singen Lieder!

Der frühe Morgen

Die Nacht ist vor dem Tag gewichen.
Sie hat ihn nicht einmal berührt.
Dämm'rung hat sich eingeschlichen
und sanft die Nacht hinausgeführt.
Nebelschleier tanzen Reigen,
in Reihen ziehen sie vorbei.
Noch hängen Fetzen in den Zweigen.
Durch's Schweigen hallt ein Vogelschrei.
Frühreif aus den Federn steigt.
Phantome schweben hoch empor.
Wie eine Wand sich Nebel zeigt.
Mir ist, als stünde ich vor'm Tor.

Die Welt erwacht: »Es werde Licht!«
Finstere Schatten lösen auf
Erleuchtung durch das Dunkel bricht,
und Bäum' und Sträucher wachen auf.
Da plötzlich seh' ich die Konturen,
erkenne, wie die Welt entsteht.
Die Starre löst sich in den Fluren.
Man sieht den Weg, auf dem man geht.
Ich hab' die Dunkelheit vermisst ,
die mich noch eben eingehüllt.
Wo nur der Wind geblieben ist? –
Die Welt sich nun mit Leben füllt.

Nebelhauch

Leise wiegt der Wind den Nachen,
Mondlicht gleitet über flachen
Wellengang ins Weite.
Einsam gibt der Strahl Geleite,
zieht gelassen seine Bahn
und begleitet unsern Kahn.

Zarte Stimmen raunen, wispern.
Und vom Ufer schwaches Knistern
bricht die Stille manchmal auf.
Über'm Wasser – Nebelhauch!

Herbst

Der Duft des Herbstes zieht herauf.
Ich mache alle Fenster auf.
Es riecht nach Erde, Heu und Mais,
den Bauern haben mit viel Fleiß
vom Feld geholt. Nun ist es kahl,
und hier und da kann man schon mal
den frisch gepflügten Acker seh'n,
auf dem die Möwen nieder geh'n.

Die Sonne steht schon etwas tief,
doch überm Deich die Strahlen schief
erwärmen immer noch das Land.
Das Weinlaub an der Häuserwand
färbt sich jetzt rot und gelb und braun.
Der Wind rauscht im Kastanienbaum.

Zur Mittagszeit ist es ganz warm.
Im Pflaumenbaum der Wespenschwarm
ißt sich an Früchten noch mal satt,
bevor das Jahr sein Ende hat.

Auf meiner Bank gleich hinterm Haus
ruh ich mich mittags richtig aus,
tank Sonne noch, so lang es geht.
Wenn erst der kühle Herbstwind weht,
beginnt die lange Wartezeit.

Ob's diesen Winter tüchtig schneit?

Roggen Weizen Gerste Hafer

Die Getreideernte.

Sommers Abschied

Der Sommer hat sich abgemeldet.

Diesmal war er lange hier.

Die Sonne sich nun langsam wendet.

Der Herbstwind rüttelt an der Tür.

Tausend bunte Blätterfetzen

sausen rechts und links ums Haus.

Viele Tröpfchen Tau benetzen

Grashälmchen hinterm Gartenhaus.

Die Kühle kriecht von unten hoch.

Wo gestern letzte Rose blühte,

da siehst du ihren Stengel noch.

Und Trübsal legt sich auf's Gemüte

Der Reigen

Seht nur das Wunder der Natur!
Entdeckt ihr darin Gottes Spur?
Der Herbst malt alle Blätter an
so viele Farben seh'n wir dann:
Die Blätter – rote, gelbe, braune
warten hinterm Gartenzaune
bis dann beginnt der große Reigen.
Wenn Äste sich im Sturme neigen,
der ihnen ihre Blätter nimmt,
trägt sie dann fort so weit geschwind.
Sie sammeln sich vorm Scheunentor
und rascheln wie in einem Chor.
Der Wind bläst seine Melodie
und dann – ja dann beginnen sie:
Sie wiegen sich und schaukeln sehr,
weh'n fort und kommen wieder her.
Sie taumeln, flattern auf und nieder
ganz leicht, mit schwerelosen Gliedern.
So geht das eine ganze Weile
sie haben Zeit und keine Eile. –
Dann bricht ein Furioso los:
Sie dreh'n jetzt Runden, klein und gross.
Sie dreh'n sich um die eignen Achsen
und seh'n sich an und machen Faxen,
– 'ne Pause! Sie verbinden sich.
Es scheint mir, sie formieren sich,
und wie an einer langen Schnur
beginnen sie zu zweit die Tour.
Die führt direkt zum Hoftor raus.
Dort ruh'n sie aus vor unsrem Haus.

Der Wind lässt nach, sie bleiben liegen.
Vom Regen sie die Schwere kriegen,
die sie am Boden kauern lässt,
bis sie am Ende ganz durchnässt
sich reglos, ohne Leben zeigen.
Dann ist zuend' der grosse Reigen.

Am Ast – hab' ich geseh'n soeben –
da schläft schon wieder neues Leben

Zu Hause

Äpfel hängen an den Zweigen,
Kürbis liegt im welken Grün.
Blätter tanzen ihren Reigen.
Letzte Astern nun verblüh'n.

Und die Keller sind gefüllt
mit dem reichen Erntesegen.
Nebel jetzt die Welt verhüllt,
und wir warten auf den Regen.

Herbstwind streicht über das Land.
Langsam zieht die Kälte ein.
Wolken bilden eine Wand.
Jetzt musst du zu Hause sein.

Herbstes Abschied

Noch hat der Herbst sich nicht verzogen,
legt seinen warmen, bunten Bogen
über Bäum' und Sträucher aus.
Doch schon zieht Kälte um das Haus.
Morgens ist der Deich jetzt weiß,
wenn der Nebel wird zum Reif.
Mittags ist er wieder grün,
wenn die Sonnenstrahlen zieh'n.
Sie sind noch warm für kurze Zeit.

Doch die Welt hält sich bereit,
wird still und bewegt sich sacht
und wartet auf die eine Nacht.

Worte

Worte sind oft scharfe Waffen,
dringen in die Seele ein,
machen manchem viel zu schaffen,
können so verletzend sein.

Hingeworfen in der Eile
werden sie, eh' du's gedacht,
tödlich sein, wie spitze Pfeile.
Darum schlaf erst mal ,'ne Nacht,
eh' du öffnest Deinen Mund!
Schluck hinunter deinen Groll!
Hast du wirklich einen Grund?

Diese Freundschaft war doch toll!

Belohnung

In welchem Buch steht das geschrieben,
wer gab dir diese Garantie,
daß du in unserer Welt hinieden
im großen Glück schwimmst – irgendwie?

Nicht jedem Menschen ist gegeben,
daß seine Wünsche werden wahr.
Enttäuschung gibt's in unserem Leben
fast täglich, viel zu häufig gar.

Mußt du vielleicht im Schatten steh'n?
Erfüllt sich deine Sehnsucht nicht?
Dann sei nicht traurig, du wirst seh'n:
Einmal gelangst du auch ins Licht.

Du hast ja noch die zweite Chanc',
der Platz ist schon für dich bereit.
Dann trägst du deinen schönsten Kranz!
Doch jetzt ist es noch nicht so weit.

Wohl, der Gedanke ist so tröstlich.
Er nimmt die Furcht und macht dir Mut.
Er stimmt vielleicht dich etwas fröhlich
und tut auch deiner Seele gut!

Der Abend kommt

der Abend kommt, hast du dein Haus bestellt,
dich vorbereitet und den Baum gefällt?
Wenn nicht, dann mußt du lange frieren,
dein Jammern wird wohl niemand hören.

Der Abend kommt, hast du schon vorgesorgt?
Hast du bezahlt, was du geborgt?
Wenn nicht, dann wird man dich verstoßen,
die Fehler sind 's, doch nur die großen.

Der Abend kommt, hast du Adieu gesagt,
hast abgelegt, was dich so plagt,
was dich belastet, hemmt dein Streben?
Vor deiner Tür mußt du noch fegen.

Der Abend kommt, hast du ans Tier gedacht,
ihm seine Stalltür zugemacht?
Sonst ging es dir vielleicht verloren,
und in der Kälte wär's erfroren!

Wenn dann die Nacht herniedersinkt,
die große Dunkelheit beginnt,
Zufriedenheit mag dich umgeben
beim Rückblick auf dein langes Leben.

Eine schwere Entscheidung

Ach, ist die Entscheidung schwer!
Was tät ich, wenn ich Kaiser wär?
Ich würd' sofort – ohne Besinnen –
mit allem Guten schnell beginnen.
Zuerst würd' ich den Krieg verbieten,
die Menschen hätten ausgelitten.
Und alle Wüsten würden blüh'n,
wo jetzt noch Sand, ist alles grün.
Ich hätte – ach – so viel zu tun.
Ich könnte keinen Augenblick mehr ruh'n.
Kinder, die noch sind allein,
hätten Eltern und ein Heim.
Auf jeden Fall würd' ich versuchen,
allen Menschen zuzurufen:
»Seid doch nett, vertragt euch jetzt!
Gebt acht, dass ihr euch nicht verletzt!«
Liberté, egalité
und noch dazu fraternité
schreiben wir auf unsere Fahnen.
Die Wirkung kann man doch schon ahnen.
Bei mir gäb's keine Korruption!
Es tränken in der Wiege schon
mit Milch die Babys Ehrlichkeit
mit Garantie auf Lebenszeit.
Ihr brauchtet auch nicht mehr zu sparen,
könntet billig Auto fahren
nicht mit dieser Emission.
Mit Wasserstoff geht das doch schon.
Auf Eis gelegt ist der Versuch,
weil jemand nicht verdient genug.

Der will das Alte doch behalten.
Da kann sich besseres nicht entfalten.
Das Geld würd' ich gerecht verteilen.
Die Ärzte müssten alle heilen.
Ob einer Geld hat, oder nicht,
steht keinem Menschen im Gesicht.
Und die Verbrechen gäb's nicht mehr,
weil jeder sich nicht wünscht so sehr:
er möchte mehr als andere haben,
will nicht an fremdem Gut sich laben,
weil er ja nun bekommen hat
für sich genug, jetzt ist er satt.
Am liebsten würde ich befehlen
die Liebe für das ganze Leben.
Doch kann man Liebe nicht bestimmen,
für Gut und Geld sie nicht gewinnen.
Da hat ja Gott die Hand im Spiel, -

Kaiser vermögen da nicht viel.

Die schöne neue Welt

Was ist nur mit uns Menschen los?
Der Schöpfung Krone und ganz groß
könnten wir ruh'n in Gottes Schoß.
Doch sagt der Mensch von Gott sich los.

Er braucht ihn nicht auf seinem Flug,
ist selbständig, ganz stark und klug.
Gegängelt wurde er genug.
Jetzt setzt er nur auf Geld und Gut.

Die Katastrophen mehren sich.
Mensch halte ein, besinne Dich!
Die Fluten kamen fürchterlich …
vorbei war es, unwiederbringlich!

Ausgelöscht, was Leben war!
So weggespült mit Haut und Haar,
was aufgebaut so wunderbar
und fest mit uns verbunden war.

Vorauszusehen war es fast,
wenn Mensch den Menschen sieht als Last,
ihn, statt zu lieben, nur noch haßt,
verzeihen nicht mehr zu ihm paßt.

Wenn die Moral man abgeschafft,
alles erreicht aus eigner Kraft,
mit Ellbogen beiseite schafft,
was nicht gefällt und fehlerhaft!
Soll'n doch die andern untergeh'n!

Hauptsache, daß wir übersteh'n.
Wir hören nicht der andern Fleh'n,
man muß die Schwachen übergeh'n!

Wird so gebaut die neue Welt?
Die alten Werte kaltgestellt,
sucht man Zerstreuung, die gefällt.

Ob die Fassade lange hält?

Suche nach Zerstreuung

So ist das mit der Unterhaltung:
Man sucht Zerstreuung, – irgendwas,
bedient den Knopf für die Einschaltung,
da kommt das Bild! Es tut sich was!

Noch ist der Apparat ganz stumm.
Erstmal beginnt das große Zappen.
Ich spiel auf den Kanälen rum,
bei einem Sender wird 's schon klappen.

Nein! Nicht! Reklame will ich nicht!
Die ist heut auch nicht mehr wie gestern!
Was sagen die? Meinen die mich?
Was wollten denn die Zwillingsschwestern?

Vielleicht wird man im Lauf der Jahre
doch nicht – wie 's heißt – am Ende schlauer.
Im Fernsehen könnt man viel erfahren,
doch bin ich manchmal richtig sauer.

Die Alten sind nicht mehr gefragt,
sie treten ohnehin bald ab.
Dabei sind viele hochbegabt,
wie neulich erst ein Test ergab.

Wahrscheinlich fragt man nur die Jungen
ob das Programm so richtig ist.
Die halten das dann für gelungen.
Dabei ist es der größte Mist.
Auf jedem Sender lauert Tod!

Dann bietet man die Liebe an!
Die Menschen zeigt man in der Not,
wenn keiner da, der helfen kann.

So viele nackt und ohne Sitten!
Da nehme ich mir ernsthaft vor:
Wenn dies Gerät mal ausgelitten,
kommt mir kein Fernsehn mehr durchs Tor.

Doch das ist Tücke des Objekts:
Mein Apparat hat ewiges Leben!
Wie wär 's, wenn ich ihn mal versteck?
So wird 's kein »Ohne Fernsehn« geben!

Kennst Du das Gefühl?

Glaubst Dich zu Besserem auserkoren,
hast was riskiert in einem Spiel.
Am Ende hast Du doch verloren.
Was Dir dann blieb, es war nicht viel.

Kennst Du das Gefühl?
Die Sonne scheint, Du könntest schweben,
lenkst Deinen Schritt mit leichtem Fuss.
Ganz plötzlich stehst Du doch im Regen
durchnässt von diesem Regenguss.

Kennst Du das Gefühl?
Du möchtest für ihn Blumen pflücken.
In Deiner Hand hälst Du den Stiel.
Die Blüte musstest Du zerdrücken,
weil er Dich gar nicht sehen will.

Kennst Du das Gefühl?
Du machst Dich chic und willst verreisen,
kommst atemlos am Bahnhof an.
Dein Blick verliert sich auf den Gleisen.
Der Zug ist fort, was machst Du dann?

Kennst Du das Gefühl?
Bringst Stunden auf dem Bahnsteig zu,
erwartest ihn und freust Dich sehr.
Der letzte Zug kommt auf Dich zu.
Er steigt nicht aus und kommt nicht mehr.

Kennst Du das Gefühl?

Du wolltest ihn so vieles fragen.
Schon taucht er ab in dem Gewühl.
Die Antwort wirst Du nie erfahren.
Obwohl es heiß ist, wird Dir kühl.

Kennst Du das Gefühl?
Du bist ihm nah, suchst die Berührung.
Er weicht zurück, nach Haltung sucht.
Du ahnst, das war 'ne schlechte Führung
und weißt: Er ist längst ausgebucht.

Kennst Du das Gefühl?
Du hast geschufftet ganz verbissen.
Am End' hast Du davon nicht viel.
Den Rest hat er noch weggeschmissen,
weil das Geschenk ihm nicht gefiel.

Verliebt!

Verliebt ins Leben, welch ein Glück!
Ein kleines Stück Unendlichkeit!
Und es verrät der Glanz im Blick
die Ahnung von der Ewigkeit.

Bleib ruhig, mein Herz, und still genieß
die Fülle jeden Augenblick,
der erste Schritt ins Paradies!
Von dort willst du nie mehr zurück.

Bist du erst mal dort angekommen,
schau, dieser Glanz, er blendet dich.
Und Flügel hast du nun bekommen,
die heben, und die tragen dich.

Mein täglich Brot

Deine Worte streicheln mich,
sind Balsam für die Seele.
Sie sind so weich und inniglich,
versöhnlich, ohn' Befehle.

Sie sind so lieb, so wunderbar,
so friedlich und einmalig.
Sie tun mir gut, sind offenbar
für mich gar unentbehrlich.

Sie treffen mitten in mein Herz,
und ich vergeß sie nie.
Ich schweb mit ihnen himmelwärts
mit ihrer Energie.

Mit Dir …

Mit Dir auf einer Schaukel sitzen
und fliegen in den Frühling rein,
bei 40° am Strande schwitzen
und in Wellen tauchen ein!

Mit Dir im Segelflugzeug gleiten
auf Wolke 7, frei und leicht,
die Flügelarme auszubreiten,
dass man die Sonne fast erreicht!

Mit Dir, da könnt' ich – 1000 Sachen
die fallen mir jetzt grade ein,
die gut tun und die glücklich machen.

Ach, könntest Du doch bei mir sein!

Deine Liebe

Ach, wie ist es möglich dann,
dass ich nur Gutes denken kann?
Seit ich Deine Lieb' gefunden,
hab ich alles überwunden.
Was mich lange trennt von Dir,
wird mir fremd, o glaube mir.
Um mich wird es hell und gut.
Deine Liebe macht mir Mut,
läßt mich leben, läßt mich handeln,
wie auf Wolken täglich wandeln,
atmen klare, reine Luft
fein gewürzt mit Deinem Duft.

Und Du kommst auf allen Wegen
immer wider mir entgegen.

Definition

Liebe kann man nicht erklären,
vom Verstand zu weit entfernt,
weht herein aus Himmelssphären
wie ein Hauch, der alles wärmt.
Feine Töne, sie gehören
einem Traum, der ewig hält.
Nur wer liebt, der kann sie hören,
führen in die Zauberwelt,
wiegen sanft mit zartem Schwingen
Deine Wünsche hin und her.
Sehnsuchtsrufe oft erklingen,
machen Herz und Seele schwer.
Liebe gibt dem Tag die Chance,
der allerschönste Dir zu sein.
So bleibst Du stets in der Balance,
fällst nie ins finstere Loch hinein.
Dann steigst Du wie aus einer Tiefe
in eine neue Herrlichkeit.
Es ist, als ob da jemand riefe:
»Komm doch in die Glückseligkeit!«

Feierabend

Schon wieder ist ein Tag vorbei,
an dem ich mal sehr fleißig war.
Ich hab geschafft so vielerlei.
Heut ist der 5. Januar.
Die Zeit rast weiter viel zu schnell,
sie bleibt nicht stehn an einem Ort.
Es ist sogar schon länger hell.
Wie bald ist wieder ein Jahr fort!

Dein Horoskop sagt heute morgen:
»Du suchst für Dich Geborgenheit.«
Wie gerne würd' ich dafür sorgen,
in meine Lieb' Dich hüllen ein.
Weißt Du noch, wo wir Dienstag saßen
gemütlich um den Kaffeetisch?
Wie wir erzählten, Kekse aßen?
Das Kerzenlicht stimmt weihnachtlich

Daran musste ich eben denken
als ich noch auf dem Heimweg war,
ertappte mich, dass ich beim Lenken
stets in Gedanken bei Dir war.
Ich glaub' nicht, dass sich das noch ändert.
Die Hoffnung hab ich aufgegeben.
Du bist es, der mich daran hindert.
Du bist das Glück in meinem Leben.

Was Liebe so bewirken kann?

Wer liebt, ist nicht auf dieser Welt
Wer liebt, braucht nichts mehr, auch kein Geld,
braucht nicht zu essen, keinen Schlaf.
Die Liebe alles übertraf.

Wer liebt, der spürt auch keine Schmerzen.
Vielleicht ist ihm nur bang im Herzen,
ob ihm die Liebe immer bleibt.
Die Liebe alle Not vertreibt.

Wer liebt, ist oftmals blind vor Glück.
Er sieht dann keinen Stolperstein.
Er findet alles gut und chic.
Die Liebe, sie macht alles rein.

Wer liebt, der nimmt das Leben leicht,
er wagt sehr viel, nach Sternen greift.
Wer liebt, wird immer Sieger sein.
Die Liebe macht ihn groß, nicht klein.

Wer liebt, wird niemals traurig sein.
Er fühlt sich auch nicht mehr allein,
besitzt jetzt was, das füllt ihn aus.
Die Liebe ist bei ihm zu Haus.

Wer liebt, ist stark und hat Vertrauen,
kann Häuser und auch Brücken bauen,
nimmt andere Menschen an die Hand.
Die Liebe öffnet jede Wand.

Wer liebt, macht unsere Welt ganz neu.
Wer liebt, ist sich und anderen treu.
Wer liebt, ist aufrichtig und wahr.
Die Liebe sagt ihm das ganz klar.

Wer liebt, ist unserem Gott ganz nah.
Weil der uns liebt, drum sagt er »Ja«.
Wer richtig liebt, ist Teil von ihm.
Die Liebe füllt ihm Herz und Sinn.

Wer liebt, der wird bald leicht und froh
und seine Augen strahlen so.
Er zieht die Menschen in den Bann

Was Liebe so bewirken kann !

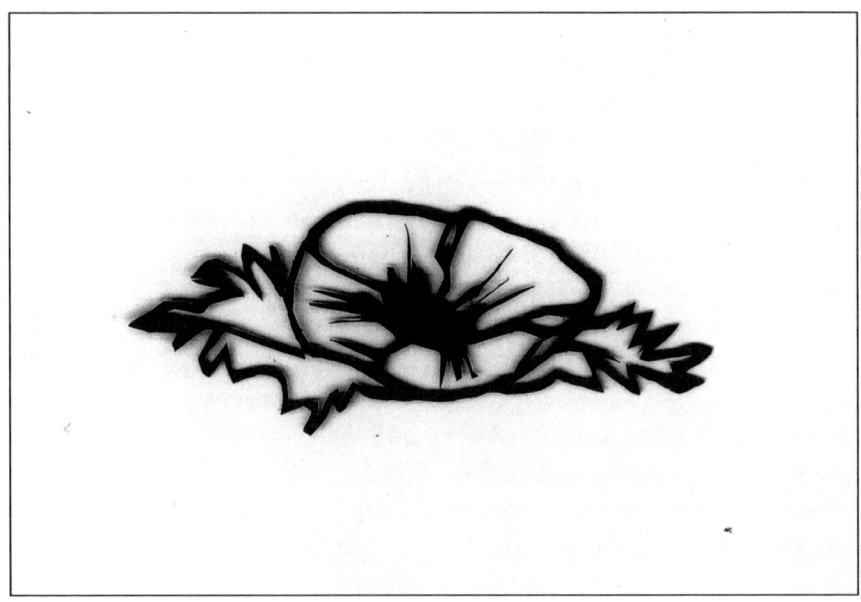

Trost

Einsame Nacht, zum Trost gereicht
für alle Menschen nah und ferne
nimm fort von uns den Haß, das Leid.
Laß leuchten über uns die Sterne,
die diese Schönheit neu gestalten
und sende uns der Hoffnung Licht.
Die Sterne trösten, und sie halten
uns immer fest im Gleichgewicht.

Das Wunder

Bist du mit jemand ganz vertraut
und machst dir ihn zu eigen,
hat er dich sicher bald durchschaut
und will dich lieber meiden.

Nimmst du dagegen dankbar an,
was er dir selbstlos gibt,
passiert ein Wunder irgendwann.
Dann wirst du auch geliebt.

Spiegelbild

Du schaust mich oft so traurig an,
so ängstlich und verzagt,
aus einem Aug die Träne rann,
ob in der Seele Kummer nagt?

Ich lächle dir dann freundlich zu,
und du versuchst es auch.
Als Antwort sag ich zu dir »Du«,
ich bin schon besser drauf.

Nun red ich mit dem Spiegelbild
und mach mir damit Mut.
Sieh an, wie mir das gleich gefällt!
Das tut mir richtig gut.

Und langsam geht die Sonne auf,
vertreibt des Tages Grau.
Und es gelingt der Tageslauf,
das weiß ich ganz genau.

Bewusst gelebt

Und immer schreitet fort die Zeit.
Wer zählte ihre Stunden?
Sie wandert in die Ewigkeit.
Die Tage sind Sekunden.
Ein kurzes Stück ist sie Geleit,
bleibt bei uns ein paar Runden.
Doch sind wir bald von ihr befreit,
nicht mehr an sie gebunden.

»Wofür« – so wundern sich die Leut' –
»hat sich der Mensch geschunden?«

Bewusst gelebt! – Mit weniger Zeit
wär ihm bei weitem mehr gelungen!

Die Zeit

Die Zeit geht fort und wartet nicht,
sie gräbt sich ein in mein Gesicht,
und mit dem neuesten Gewicht
wag ich mich nicht ans Tageslicht.

Zieh mich zurück und zeig mich nicht.
Make up? Wem nützt die neue Schicht?
Auch die Frisur ist nun ganz schlicht.
Ein Kompliment mich nicht besticht.

Aus und vorbei und weggewischt!
Die Karten sind verkehrt gemischt.
Heut wird die Jugend aufgetischt.
Die Alten hat es nun erwischt.

Die Ähre leer und ausgedrischt,
mein Lebenslicht nun bald erlischt.
Das Alter hat mich voll erwischt,
des Lebens Spuren sind verwischt.

Die Sprache Deines Herzens

Hör auf Dein Herz und lass' das Jagen.
Geschäftiges Treiben macht Dich krank.
Besinne Dich! Beginn zu fragen!
»War alles immer von Belang?«
So manche äußere Faktoren,
sie waren oftmals viel zu wichtig.
Du hast den tieferen Sinn verloren.
Das meiste war doch aus und nichtig.

Hör auf Dein Herz und lass' Dir sagen:
Es zeigt Dir immer einen Weg.
Du kannst Dich mit dem Herzen wagen
auf jeden noch so schmalen Steg.
Und sicher wirst Du rübergeh'n,
wirst alles Schwere übersteh'n.
Nichts Böses kann Dir je gescheh'n.
Dann ist Dein Leben wieder schön.

Zaubertöne

Die Melodie – ergreift sie mich –
erweckt in mir das Leben,
hebt mich empor hoch in das Licht,
wenn deine Töne schweben.

Sie greifen wie mit Zangen mich
und lassen mich erbeben.
Sie binden mich ganz fest an dich,
ich lausche dir ergeben.

Das Wunder es ereignet sich,
wenn Klänge mich umweben,
sie wärmen und beglücken mich,
mit Flügeln sie mich heben.

Ein Glücksgefühl nun breitet sich
in meiner Seele aus.
Ich geb mich hin und höre dich,
fühl mich bei dir zu Haus.

Altes hat sich gut bewährt …

Weiße Haare! Ehre sie!
Weise Worte! Achte sie!
Die Alten hatten zu verwalten,
mussten Vergangenheit gestalten.

Das Alte hat noch hohen Wert,
daraus uns Neues wird beschert.
Aus einem guten alten Stamm
ein neuer Sproß entstehen kann.

Was wir besitzen, weiterleben,
die Alten hatten vorgegeben.
Das Neue ist nicht einfach da,
Entwicklung dazu nötig war.

Erfahrung ist das Zauberwort!
Erkenntnis war schon da vor Ort,
darauf baut man dann langsam auf:
erst Fundamente, dann das Haus.

Wer wagt, gewinnt

Wir sind noch lange nicht am Ende.
Wir haben jede Menge Zeit!
Manchmal stehen wir an der Wende:
Das Neue liegt vor uns, – bereit.

So gut die alten Gleise sind,
Neues ist nicht zu verachten.
Ein andres Leben oft beginnt,
wenn Lebensgeister es entfachten.

Vorausgesetzt, man bleibt sich treu,
gerät nicht auf ein Abstellgleis.
Plötzlich ist wieder alles neu,
der Forschergeist macht uns ganz heiß.

Viel Schlimmes kann uns nicht passieren,
geh'n wir das Neue langsam an.
Man darf sich nur nicht drin verlieren,
notfalls tritt man den Rückzug an.

Die Kraft aus dem Opfer

Schon lange hab ich nachgedacht:
Seit wann leb ich dies neue Leben?
Ich hab mir das nicht ausgedacht.
Was hat mir so viel Kraft gegeben?

Nun habe ich den Ausgangspunkt:
Mit einem Sieg fing alles an!
Mein Körper wurde erst gesund,
danach war auch die Seele dran.

Von jetzt auf gleich, es war im Mai,
da tat ich meinen letzten Zug.
Das Rauchen nun – aus und vorbei -!
Es war zuviel, mehr als genug!

Ich habe selbst nicht dran geglaubt,
doch davon los, das wollte ich
Verzicht hat mir den Schlaf geraubt.
Ich war so unruhig – fürchterlich!

Ich weiß nicht, wo ich 's suchen sollte.
Ich suchte, doch ich wußt' nicht, was.
Und was ich auch beginnen wollte:
War es nun dies, vielleicht auch das?

Es fehlte zwischen meinen Fingern
der kleine Stengel, der stets glimmt.
Nun war'n sie frei, die kleinen Dinger,
an jeder Hand war'n fünf, bestimmt!

Ich hatte beide Hände frei
und konnte plötzlich viel mehr schaffen.
Der Tag ging auch so schnell vorbei,
das konnt ich gar nicht so schnell raffen.

Im Umkreis rief der ganze Chor:
Laß sein! vergiß es und gib auf!
Damit nimmst du zuviel dir vor!
Hol dir 'nen Zug, setz dich und rauch!

Das brachte mich erst recht in Wut.
Ich dacht: Das wolln wir doch mal sehn!
Wo ist der Rest vom Tabakgut?
Aus und vorbei, vom Wind verweht!

Ganz langsam wurde ich gesund,
ich konnte mich auf mich besinnen.
Und alle staunten in der Rund:
»Wird sie wohl damit neu beginnen?«

Dann wurde ich auch wieder munter
und schaffte eine Menge mehr.
Die Laune ging auch nicht mehr runter,
ich war vergnügter als vorher.

Dann fühlte ich so nebenbei,
– wenn mir mal etwas schwer gefallen –
daß es viel schneller ging vorbei,
was auch den anderen aufgefallen.

Das ist nun schon 12 Jahre her.
Die Kraft erblüht, sie ist geblieben.
Es war ein Anfang und viel mehr.
Sie ist gewachsen, – ausgetrieben!

Die Kraft, die aus dem Opfer wächst,
gewinnt die Macht über dein Leben.
Wenn du sie in dir wirken läßt,
kann sie Unmögliches bewegen.

4

Es geht vorbei …!

Der Wind weht scharf aus Ost, Nord-Ost.
Er treibt die Tränen ins Gesicht,
bläst voller Wut und reißt erbost
am Fundament, will, daß es bricht.
So kann's nicht ewig weiter geh'n!
Wie tief Verzweiflung immer sei,
einmal erfolgt das Aufersteh'n:
Erleichterung: es geht vorbei!

Enttäuschung legt sich aufs Gemüt,
macht taub, am Ende fassungslos.
Die Hoffnungsblume ist verblüht,
das Herz scheint leer, die Seele – bloß!
Einmal ist alles Leid dahin!
Wie groß die Trauer immer sei,
es kommt bestimmt ein Neubeginn.
Erleichterung, es geht vorbei!

Verloren scheint das große Glück.
Es zieht herauf die Einsamkeit.
Geht es nun rückwärts, Stück für Stück
mit Blick in die Unendlichkeit?
Halt ein! Erstmal besinne dich!
Wie bitter das Alleinsein sei,
es gibt doch Freunde, sicherlich!

Erleichterung, es ist vorbei!

Wünsche

Wünsche sind oft unerfüllbar,
schicken Phantasie auf Reise.
Sehnsucht wird dann unstillbar,
läßt uns ahnen schon ganz leise
die Erfüllung wunderbar.

Wünsche in Gedanken schweben
hoch bis an den Rand der Zeit,
wo die Träume Netze weben,
fangen ein die Seligkeit,
wird uns über Wolken heben.

Wünsche nehmen alle Leiden,
lassen Schweres schnell vergehn,
wollen – wenn sie Dunkles meiden –
tiefer in die Seele sehn
und dann dort verweilen.

Wünsche schaffen, was unmöglich,
bringen uns oft Appetit.
Und wir brauchen sie auch täglich.
Bringen sie Erfüllung mit,
machen sie uns glücklich.

Ein Wunsch, der oft den Tag verschönt,
hält wach und macht lebendig.
Wer nicht mehr wünscht und sich nicht sehnt,
der wirkt wie starr, bleibt unbeweglich,
dem Leben schon entwöhnt.

Gedanken

Gedanken sind wie Engelschwingen.
Sie beflügeln zum Beginnen,
geben Kraft für das Gelingen,
lassen Melodien klingen.

Gedanken sind wie Zauberinnen,
locken uns mit Vogelstimmen,
lassen Instrumente klingen
und verleiten uns zum Singen.

Gedanken oft wie Freunde sind,
haben Zeit und sind geschwind,
anhänglich, oft, wie ein Kind,
machen Sorgen uns gering.

Gedanken manchmal auch verletzen,
dann, wenn sie mit Entsetzen
tadelnd uns in Kenntnis setzen.
Nur positive können nützen.

Gedanken können tröstlich sein,
und meistens sind sie ganz geheim,
machen uns mächtig, machen klein,
sind manchmal grob und manchmal fein.

Gedanken helfen sicher mal,
wenn die Entscheidung wird zur Qual.
Dann treffen sie die richtige Wahl,
sind Retter aus dem tiefen Tal.

Gedanken woll'n verschwiegen bleiben.
Nicht jeder mag Gedanken leiden.
Manch einer mußte auch schon scheiden,
er konnt' Gedanken nicht verschweigen.

Doch manchmal sind Gedanken gut,
dann machen sie uns richtig Mut.
Dann schrei sie raus mit voller Wut:
Entladung tut so gut!

Gedanken sollen laut erschallen,
wenn sie nur Gutes bringen allen,
als Echo soll'n sie widerhallen,
den Menschen all zum Wohlgefallen.

Hände

Hände sind zärtlich und wundervoll,
verwandeln in Güte den Zorn und den Groll.
Ein Streicheln, ganz sanft und voller Versteh'n
läßt Dich nicht lange im Abseits steh'n.
Energisch, tüchtig und voller Kraft
packen sie zu mit Leidenschaft.
Sie sind oft Stütze und bieten Halt.
Doch hüte Dich stets vor ihrer Gewalt!
Woll'n sie mit aller Macht Dich fassen,
musst diese Hände Du fallen lassen.
Sie dienen Dir nicht zum wahren Glück.
Sie woll'n Dich besitzen, Stück für Stück.
Segnende Hände wirst Du erkennen,
wenn sie sich von etwas trennen können.
Immer, wenn sie Dich sanft berühren,
kannst Du den Hauch eines Engels spüren.
Weil Jesus liebte die Kinder auch,
legte er ihnen die Hände auf.
In seinem Schutze sind sie geborgen.
Für ihre Seelen wird er schon sorgen.

Schau Dir mal an die Hand einer Alten!
Was sagen Dir ihre vielen Falten?
Erkennst Du in ihnen so manche Spuren,
die keine Schonung vor Arbeit erfuhren?
Noch sind sie warm, Du kannst sie ergreifen.
Sind sie erst kalt, ist's zu spät zum Streicheln.

Und oft teilen segnende Hände das Brot,
sind immer da und helfen in Not.
Dann sind sie geöffnet und niemals zu,
halten erst still mit der letzten Ruh'

Winter-Fest

In der winterlichen Stille,
wenn die Landschaft tief verschneit,
fällt der Flocken weiße Fülle
leise in die Einsamkeit.

Frostige Kälte über Nacht
malt Eisblumen an die Fenster.
Nur der Mond den See bewacht,
in den Zweigen die Gespenster.

Trübes Licht durchbricht den Nebel,
fällt auf unberührten Schnee.
Und ein Schleier zieht das Segel
lautlos über dunklen See.

Träumend setzt du deine Schritte.
Zauber zieht dich in den Bann.
Ob das Knirschen deiner Tritte
dich daraus erlösen kann?

Zapfen bilden eine Kette
ganz aus Eis an Firstes Rand.
So als wären sie – ich wette –
angeklebt mit kalter Hand.

Licht! Es bricht sich in dem Eis.
Wie Diamanten glitzert es.
Tausend Farben, nicht nur Weiß,
feiern dieses Winterfest.

Der kleine Zinnsoldat

Es war ein kleiner Zinnsoldat,
der weinte still und hatt'
sein Heer und seine Kameraden
verloren in dem Spielzeugladen.
Man hat ihn ganz allein gelassen,
das ist doch wirklich nicht zu fassen.
Er wollt' am Weihnachtsabend glänzen
und wollte kämpfen an den Grenzen.
Nun wird es um ihn langsam leise.
Er träumt von einer langen Reise
nach Pakistan und zum Iran,
wo man noch richtig kämpfen kann.
Und als die Zeit gen Mitternacht,
ist er aus seinem Traum erwacht.
Ein goldner Engel stand vor ihm,
und über ihm ein Stern erschien.
Der Engel sprach: «Komm doch mit mir,
dann bist du nicht alleine hier.»
So wanderten sie fort zu zweit.
Der Stern gab ihnen das Geleit.
Sie kehrten ein vor einem Stalle,
der aufgebaut in einer Halle.
Da lag ein Kind auf Heu und Stroh,
und seine Eltern waren froh.
Der Zinnsoldat freut' sich auch sehr
und legte ab sein Schießgewehr,
bekam statt dessen eine Trommel
und eine Mütze mit ,'nem Bommel.

Nun spielt er dort in jedem Jahr,
und dazu singt die Engelschar.
Er trommelt in dem Kreis der Lieben
nicht für den Krieg, – nein – für den Frieden!

Der Christbaumständer

Wenn sich das Jahr dem Ende neigt,
wenn schon der erste Schnee sich zeigt,
wenn dann die vierte Kerze brennt,
der Vater in den Keller rennt.

Und jedes Jahr des gleiche Spiel:
Es steht im Keller viel zu viel.
Gerümpel hier, Gerümpel dort!
Der Christbaumständer, der ist fort.

Er ist verzweifelt und denkt nach:
»Wie wär's, wenn ich jetzt einen mach'?«
Doch dafür reicht die Zeit nicht mehr.
So langsam wird das Herz ihm schwer.

»Was soll die Oma von mir denken?
Da nützt auch nicht das viele Schenken.«
Kopfüber taucht er in die Kiste.
Darin sind Skier für die Piste.

»Vielleicht könnt' ich noch einen kaufen?«
Doch kann er leider so schlecht laufen.

Da plötzlich schießt es ihm zu Kopf:
»Ich kauf' 'nen Tannenbaum mit Topf.«

Wunschtraum im Advent

Ich stelle mir ganz einfach vor:
Du stehst heut' Nacht vor meinem Tor!
Klingelt es an meiner Tür?
Ist da wer, der kommt zu mir?
Ich hab' keinen eingeladen!
Heute möcht' ich niemand haben.
Doch dich lad' ich herzlich ein,
dann soll jetzt schon Weihnacht sein.
Alle Kerzen zünd' ich an,
leuchten überall und dann
steht am Himmel dieser Stern,
kündet die Geburt des Herrn.

Ich stelle mir ganz einfach vor:
Leise singt ein Engelchor.
Plötzlich öffnet sich die Tür,
und du bist tatsächlich hier.
Ist es wahr oder ein Traum?
Das begreifen kann ich kaum.
Und du kommst zu mir herein,
dann soll jetzt schon Weihnacht sein.
Alle Kerzen zünd' ich an,
leuchten überall und dann
steht am Himmel dieser Stern,
kündet die Geburt des Herrn.

Ich stelle mir ganz einfach vor:
Du hast heut' abend gar nichts vor,
hast viel Zeit und mußt nicht geh'n,
und wir werden uns versteh'n,

wollen reden und auch schweigen,
lange beieinander bleiben.
Jeder ist nicht mehr allein
dann soll jetzt schon Weihnacht sein.
Alle Kerzen zünd' ich an,
leuchten überall und dann
steht am Himmel dieser Stern,
kündet die Geburt des Herrn.

Ich stelle mir ganz einfach vor:
Nichts ist so wie's war zuvor.
Plötzlich ist das Leben schön.
Alles Dunkel wird vergeh'n.
Weil du bleibst und gehst nicht fort,
wird es warm an diesem Ort,
wie im hellsten Sonnenschein.
Jetzt soll für uns Weihnacht sein!
Alle Kerzen zünd' ich an,
leuchten überall und dann
steht am Himmel dieser Stern,
kündet die Geburt des Herrn.

Dein Weihnachtsstern

Unendlichkeit! In der Ferne
leuchten in der dunklen Nacht
unzählige, helle, gold'ne Sterne.
Nur, wenn der Himmel zeigt sich klar,
nimmt man die Kleinen Lichter wahr.
Sie funkeln, scheinen still zu stehe'n.
Millionen, Milliarden sind dort zu seh'n.
In endloser Weite des Himmelsraumes
ist einer der Held deines Weihnachtstraumes.
Du darfst dir den allerschönsten wählen.
In deinem Traum wird er dir erzählen
von Liebe und Glück, vom leise Sich-neigen.
Im Hintergrund spielen dann zart die Geigen.
Und vielleicht später, irgendwann
geht dieser Traum in Erfüllung dann.
Und deine Wünsche werden wahr.
Und dann wird dir auf einmal klar:
Für jeden ein Stern am Himmel steht,
der gemeinsam mit uns durch das Leben geht.

Wir feiern Weihnachten

Nun ist das Weihnachtsfest schon da.
Die Heimlichkeiten war'n zu schön.
Es raschelt hier und raschelt da,
und nichts davon kriegt man zu seh'n.
Erst hat man alles vorbereitet
und sich so auf das Fest gefreut,
hat Weihnachtsschmuck dann ausgebreitet
und Kunstschnee in den Baum gestreut.
Der Weihnachtsbraten war gelungen,
und auch der Wein hat gut geschmeckt.
Wir hab'n am Weihnachtsbaum gesungen
und viele Kerzen angesteckt.
Die Stunden sind vorbeigerauscht.
Wir hab'n gegessen und gelacht,
Unsere Gedanken ausgetauscht
und auch Geschenke mitgebracht.
Jetzt ist schon alles ausgepackt
und alle Spannung ist vorbei.
Da steh'n noch Nüsse, die man knackt.
Das Essen grenzt an Völlerei.
Die Uhr geht schon auf Mitternacht,
und Augenlider werden schwer.
Was hat uns dieses Fest gebracht?
Man fühlt sich irgendwie so leer.
Mit Kerzenschein zum Fest bei Nacht,
so feiern wir es immer wieder.

Nun ist's vorbei, das Fest ist aus.
Die Kerzen sind gelöscht am Baum,
und alle Gäste geh'n nach Haus'.
Die Uhr zeigt 3, man glaubt es kaum.

Es war 'ne schöne Weihnachtsnacht,
in der wir uns mal wiedersahen.
Das Treffen hat uns Spaß gemacht,
wie schön, dass wir zusammen waren.

Doch hab'n wir nicht mal dran gedacht,
wer damals kam zur Erde nieder.
2000 Jahre und noch mehr
begeh'n wir die Geburtstagsfeier.
So lange ist das nun schon her!
Mir ist es so, als wär es heuer.

in memoriam

Geliebt, geschätzt und unvergessen
ist alles, was mir blieb von dir.
Du hast fürwahr nicht viel besessen
und hast das noch geteilt mit mir.

Ich fühl mich immer nah bei dir,
wir waren ja so tief verbunden.
In Ewigkeit ein Teil von mir
bleibt untrennbar an dich gebunden.

Aus und vorbei!

Die Liebe, die endet, war nur ein Spiel!
Sie wollte alles, vielleicht viel zu viel.
Am End war es doch nur schlechter Stil:
Zu hoch gepokert – verloren den Deal!

War's möglich, daß man sich selbst gefiel?
Die Blüte verwelkt, es bleibt der Stiel.
Zu spät erkennt man das echte Gefühl!
Der Wille zu schwach – verfehlt das Ziel!

Vergebens …

Kann es so sein?
Wird's möglich werden?
Oder trügt – wie oft – der Schein?
War'n sie ehrlich, die Gebärden?

Die Logik sagt: «Es ist unmöglich!»
Schon wird der Hoffnungshalm umklammert!
Ein schwacher Trost, der nur ganz kläglich
vergebens nach Erfüllung jammert!

Die zarte, süße Hoffnungsblüte
in Trauer liegt und unbedacht.
Enttäuschung hat – statt Herzensgüte –
sie nun zertreten über Nacht.

Bleib bei mir

Wirst Du am Ende bei mir sein?
Bist Du – wie Gott – ein guter Hirt?
Läßt Du Dein Schaf dann nicht allein,
wenn's in mir langsam dunkel wird?

Wenn Leben ist nur blasser Schein,
mein Blick in weite Ferne führt?
Wenn Schauder zieht in das Gebein
und rundum alle Luft gefriert,

wenn's auch im Sommer Kälte schneit,
die Sonne nicht mehr scheinen wird,
wenn einzieht die Verlassenheit,
ist's Deine Hand, die mich berührt?

Wenn selbst Erinnerung fliegt dahin,
der Atem wird zum schwachen Hauch,
wenn der Gedanke ohne Sinn,
bist Du bei mir und hälst mich auch?

Wenn alles Leben in mir schweigt,
wenn meine Hand ins Leere greift,
nicht mal ein Lächeln übrig bleibt,
bist Du da, der sich zu mir neigt?

Wenn ich mich fürchte so allein
auf meinem langen Weg dorthin,
dann laß mich bitte bei Dir sein,
bleib, bis ich angekommen bin.

Die heilige Nacht

Das ist die Nacht der Nächte,
in der die Menschen sich vergeben.
Das ist die Nacht der Nächte,
in der sie sich die Hände geben.
Es ist die Nacht, in der die Waffen schweigen,
weil niemand sollt' an Weihnacht leiden.

Ein Wunder ist für uns gescheh'n:
Gott wollt' die Menschen an sich zieh'n.
Weil er sie liebt, ihr Schöpfer ist,
schickt er den Sohn uns, Jesus Christ,
damit er uns die Schulden nimmt,
für uns das Himmelreich gewinnt.

Das ist die Nacht der Nächte,
in der wir stille werden.
Das ist die Nacht der Nächte
für Frieden hier auf Erden.
Es ist die Nacht, in der wir dankbar sind,
weil er uns schickte dieses Kind.

Weihnachten ist, wenn …

Weihnachten ist, wenn
im Lande alle Waffen schweigen,
die Frauen ihre Haare zeigen,
Moslems mögen Christen leiden,
wenn Junge sich vor Alten neigen.

Weihnachten ist, wenn
nur die Liebe will entscheiden,
die Nachbarn sich fortan nicht meiden,
wenn keine Zäune zwischen Weiden,
das Kind bei Eltern ist – bei beiden.

Weihnachten ist, wenn
wir bereit sind, zu verzeihen,
auch mal hinten steh'n in Reihen,
Kinder nicht mehr so viel weinen,
wir mehr sind, als was wir scheinen.

Weihnachten ist, wenn
Menschen endlich sich vereinen,
was sie uns sagen, ehrlich meinen,
entfernen viele kleine Steine,
und machen alle Wege reine,
damit der, der sie dann gegeht
sich nicht verletzt – plötzlich versteht,
warum Gott auf die Erde kam.
Er liebt sie alle: Reich und Arm.

Näher zu Dir!

Was nützt es, wenn ich aufbegehr?
Mich aufbäum' in dem Weltgewirr,
mich in dem Labyrinth verirr?
Du kennst den richtigen Weg zu mir,
denn ich gehör nur Dir.

Ob ich gewinn oder verlier,
bin fort oder ich bleib hier,
ob ich verschließe meine Tür,
weiß ich, Du findest doch zu mir,
denn ich gehör nur Dir.

Was soll ich ohne Dich beginnen,
worauf mich ohne Dich besinnen?
Nichts kann mir ohne Dich gelingen!
Ich sehe Dich in allen Dingen,
und immer wirst Du mich gewinnen.

Inhalt